# Ricardo Dreguer

Bacharel e licenciado em História pela Universidade de São Paulo.
Autor de livros didáticos para o Ensino Fundamental.

História de um africano no Brasil

Ilustrações de
**Bruna Assis Brasil**

1ª edição
São Paulo, 2015

CRÉDITOS DAS IMAGENS (fotomontagens):

Página 3: ©Bruna Assis Brasil

Páginas 4 e 5: ©Juniors Bildarchiv/Glow Images; ©Jake Lyell/CARE/Alamy/Glow Images; ©Bruna Assis Brasil

Páginas 6 e 7: ©Nigel Pavitt/JAI/Corbis/Latinstock; ©De Agostini/Getty Images; ©Juniors Bildarchiv/Glow Images; ©Bruna Assis Brasil

Páginas 8 e 9: ©Jake Lyell/CARE/Alamy/Glow Images

Páginas 10 até 13: ©Bruna Assis Brasil

Páginas 14 e 15: ©Jake Lyell/CARE/Alamy/Glow Images; ©Bruna Assis Brasil

Páginas 16 até 25: ©Bruna Assis Brasil

Página 26 e 27: ©Johann Moritz Rugendas. Engenho de açúcar. 1835; ©Bruna Assis Brasil

Páginas 28 e 29: ©Bruna Assis Brasil

Páginas 30 e 31: ©Heládio Teles Duarte; ©Bruna Assis Brasil

Páginas 32 e 33: ©Museu da Imigração, São Paulo; ©Arquivo Nacional, Rio de Janeiro; ©Bruna Assis Brasil

Páginas 34 e 35: ©Bruna Assis Brasil

Páginas 36 e 37: ©Museu da Imigração, São Paulo; ©Bruna Assis Brasil

Páginas 38 até 42: ©Bruna Assis Brasil

Página 43: ©Arquivo Nacional, Rio de Janeiro; ©Bruna Assis Brasil

Páginas 44 até 47: ©Bruna Assis Brasil

Linha do tempo (pág. 48): ©Alberto Henschel; ©Luiz Ferreira; ©Centro Cultural São Paulo, São Paulo; ©Biblioteca Municipal, Rio de Janeiro; ©Museu Histórico Nacional, Rio de Janeiro; ©Fundação Biblioteca Nacional, Rio de Janeiro; ©Museu Paulista da Universidade de São Paulo, São Paulo; ©Bruna Assis Brasil

FOTOS DE CAPA: ©Jake Lyell/CARE/Alamy/Glow Images; ©Museu da Imigração, São Paulo; ©Arquivo Nacional, Rio de Janeiro; ©Bruna Assis Brasil

© Ricardo Dreguer, 2015

COORDENAÇÃO EDITORIAL Lisabeth Bansi
ASSISTÊNCIA EDITORIAL Patrícia Capano Sanchez
COORDENAÇÃO DE EDIÇÃO DE ARTE Camila Fiorenza
ILUSTRAÇÕES E MONTAGEM DE FOTOS, CAPA E MIOLO Bruna Assis Brasil
DIAGRAMAÇÃO Michele Figueredo, Cristina Uetake
PESQUISA ICONOGRÁFICA Mariana Veloso Lima, Yan Imagens
COORDENAÇÃO DE REVISÃO Elaine Cristina del Nero
REVISÃO Maristela S. Carrasco
COORDENAÇÃO DE BUREAU Américo Jesus
PRÉ-IMPRESSÃO Alexandre Petreca
COORDENAÇÃO DE PRODUÇÃO INDUSTRIAL Wilson Aparecido Troque
IMPRESSÃO E ACABAMENTO HRosa Gráfica e Editora
LOTE 748230
COD 12096700

Dados Internacionais de Catalogação na Publicação (CIP)
(Câmara Brasileira do Livro, SP, Brasil)

Dreguer, Ricardo
  Kiese : história de um africano no Brasil / Ricardo Dreguer ; ilustrações de Bruna Assis Brasil. — São Paulo : Moderna, 2015.

  ISBN 978-85-16-09670-0

  1. Africanos - Brasil - História - Literatura infantojuvenil I. Brasil, Bruna Assis.  II. Título.

15-00095                                    CDD-028.5

Índices para catálogo sistemático:
1. Africanos no Brasil : História : Literatura infantil   028.5
2. Africanos no Brasil : História : Literatura infantojuvenil   028.5

Reprodução proibida. Art.184 do Código Penal e Lei 9.610 de 19 de fevereiro de 1998.

Todos os direitos reservados
EDITORA MODERNA LTDA.
Rua Padre Adelino, 758 – Belenzinho
São Paulo – SP – Brasil – CEP 03303-904
Vendas e Atendimento:
Tel. (11) 2790-1300
www.modernaliteratura.com.br
Impresso no Brasil
2022

# Convite para uma viagem...

Você sabia que muitos antepassados dos brasileiros vieram da África?

Então, venha comigo conhecer um pouco da história dos africanos que, como eu, vieram para o Brasil há muito tempo... Conheça minha família e as brincadeiras que eu fazia na África quando era criança. Depois, embarque comigo para o Brasil, enfrentando muitos desafios no navio...

Em seguida, você vai conhecer meus trabalhos na produção do açúcar e na colheita do café, minhas formas de lazer, meus sofrimentos e alegrias.

Por fim, vai sonhar comigo o sonho de um mundo novo, onde todos sejam iguais e tenham seus direitos respeitados...

Venha comigo sonhar este sonho...

# Sumário

**ORIGENS** .................................................................................. **6**

Os campos e a floresta ............................................................. 6
Alegria e sabedoria .................................................................. 8
Artesanato e agricultura ........................................................ 10
Minha vida de menino ........................................................... 12
Ervas e o Monstro do Rio ...................................................... 14
Invasão e escravização .......................................................... 16
A viagem e a nova língua ..................................................... 18
Rumo a uma nova terra ........................................................ 20

**A VIAGEM** .............................................................................. **22**

Amontoados no porão ........................................................... 22
Doenças e mortes ................................................................... 23
Calmaria e tempestade ......................................................... 24
Chegada ao Brasil ................................................................... 25

## MUDANÇAS .................................................................................. 26

Nos engenhos de Pernambuco ............................................................ 26
No Ceará, um grande amor ................................................................ 28
A dor da separação............................................................................ 30
Campinas: trabalho e lembranças ....................................................... 32
Batuque e um novo amor ................................................................... 34
A chegada dos imigrantes .................................................................. 36
O fim da escravidão ........................................................................... 38

## SAUDADES ................................................................................. 40

## SONHOS ..................................................................................... 44

Somos todos cidadãos?...................................................................... 44
Será possível? ................................................................................... 46

Linha do tempo ................................................................................. 48

# ORIGENS

## Os campos e a floresta

Nasci em 1820, perto do rio Lualaba, no centro da África.

Cresci nos campos, convivendo com búfalos, girafas, antílopes e zebras.

Adorava observar os ocapis, com seu corpo escuro e riscas brancas nas patas. Achava engraçadas suas grandes línguas azuis, que eles usavam para pegar folhas nas árvores.

Mas meu animal preferido era o leão, com sua enorme juba. Só não queria encontrá-lo muito de perto...

As águas do Lualaba ajudavam a formar o Congo, um dos maiores rios da África. Às margens desse rio ficava a floresta, com árvores enormes — como o mogno —, que chegavam a quarenta e cinco metros de altura!

Essas árvores serviam de moradia para muitos pássaros, como o papagaio-do-congo, que tinha o corpo cinzento e a cauda vermelha.

Uma vez, entrei na floresta com meu pai e vi um *lesula*, um lindo macaco com juba de fios loiros. Eu quis levá-lo para nossa aldeia, mas meu pai não deixou:

— Você ia gostar de ser preso e levado para longe da sua família?

## Alegria e sabedoria

Meu nome é Kiese, que na língua do povo Luba quer dizer "alegria".
Eu recebi esse nome porque trouxe muita felicidade para minha família.
No dia em que nasci, meu avô comemorou:
—- Agora já posso partir, pois minha força de vida vai continuar no meu filho e no filho do meu filho!
Os Lubas acreditam que a força vital de quem morre continua nos seus descendentes. Por isso, para eles é muito importante ter filhos e netos.

Meu avô era muito respeitado em nossa aldeia.

Ele andava pelas matas até achar as rochas certas para fazer o ferro. Depois, as triturava e levava para um lugar secreto, que nem minha avó conhecia.

Lá, ele começava a cantar uma música antiga, enquanto colocava as rochas para derreter nos fornos bem aquecidos e esperava até elas virarem ferro.

Para os Lubas, os ferreiros, como meu avô, eram grandes sábios que dominavam a arte de transformar certas rochas em ferro!

## Artesanato e agricultura

Meu pai lascava um pedaço de madeira bem devagar e perguntava:
— Kiese, o que vai nascer dessa madeira?
— Uma mulher, pai?
— Sente-se aí e descubra, filho.
E, de repente, a madeira virava uma mulher, um homem ou um animal!

Meu pai era artesão e recebia encomendas de todas as famílias da aldeia, que pagavam com carne de caça e outros produtos.

Eu ajudava minha mãe a cultivar o sorgo, uma planta cheia de grãos, que a gente moía para fazer farinha.

As bolinhas amarelas do painço, que a gente também plantava, eram misturadas ao leite de cabra, e dava um mingau delicioso!

Às vezes, minha mãe ia pegar mel nas colmeias, mas não me deixava ir junto.

— Mãe, não deixa as abelhas picarem você!

— Fica tranquilo, Kiese. Eu tomo cuidado.

E logo ela voltava com o pote cheio de mel.

# Minha vida de menino

Eu adorava tomar banho no rio e subir nas árvores para comer as frutas fresquinhas.

Também gostava de brincar de imitar bichos. Na minha vez, eu sempre queria imitar o leão, fazendo os gestos de caçador e o rugido forte.

Mas minha brincadeira preferida era a *Kameshi Mpuku Ne*. As crianças se reuniam numa grande área descampada para caber muitos meninos e meninas.

Pra começar, a gente sorteava quem ia ser o gato, o rato e o narrador.

As outras crianças formavam cinco fileiras com cinco pessoas de mãos dadas. O rato começava a correr no meio das fileiras e o gato tentava pegá-lo.

Quando o narrador gritava "Parar o rato!", a gente soltava as mãos dos colegas do lado e juntava com as dos colegas da frente.

Com isso, todas as fileiras mudavam e os dois corredores tinham que seguir a nova direção.

A brincadeira só acabava quando o gato pegava o rato.

Será que as crianças do povo Luba ainda brincam de *Kameshi Mpuku Ne*?

# Ervas e o Monstro do Rio

Quando eu ficava doente, apelava para minha avó:
— Vó, tô com dor de barriga!
— Toma um chá de butua, menino.
— Meu dente tá doendo, vó!
— Vem cá que eu faço um remédio de muzumba.

Minha avó sabia usar as ervas da mata para curar todo tipo de doença. Por isso, ela ajudava o povo todo da aldeia:
— Faz esse chá de mateba que a disenteria do seu bebê passa rápido!
— O gergelim é bom para curar sua dor de ouvido!

Já meu avô gostava de contar histórias para a criançada.

Um dia, ele contou sobre uma pescaria no rio Congo:

— Eu e meus amigos fomos atacados pelo Monstro do Rio!

Vendo nossas caras de assustados, ele continuou:

— *Mbenga*, o peixe-tigre, atacou nosso barco. Com seus enormes dentes afiados, ele podia ter comido um de nós numa bocada só.

Depois de um minuto de silêncio, meu avô completou:

— Sorte que ele preferiu atacar um crocodilo que estava passando perto do barco.

Naquela noite não consegui dormir, pois tive pesadelos com o Monstro do Rio!

# Invasão e escravização

E, assim, minha vida de menino seguia tranquila e alegre, até que aconteceu uma tragédia.

Minha aldeia foi atacada por um grupo de invasores.

Os homens da aldeia lutaram bravamente com suas lanças de ferro, mas os invasores tinham armas que cuspiam fogo e derrubavam muitos em pouco tempo.

Minha família toda foi morta e eu estava sozinho no mundo.

E, pior, nas mãos daqueles que haviam destruído minha aldeia!

Os chefes dos invasores eram brancos como leite e falavam uma língua estranha, que eu não entendia.

Eles conversavam com soldados negros, que conheciam nossa língua e davam ordens aos sobreviventes:

— Formem uma fila!

Entrei na fila e um soldado disse:

— Ele é muito novo. Não serve como escravo!

Mas um chefe branco me mandou continuar na fila. Quem eram esses chefes e o que fariam conosco?

# A viagem e a nova língua

Os soldados amarraram nossas mãos a uma grande corrente, que ligava todas as pessoas da fila.

Alguns dos nossos guerreiros tentaram resistir e foram duramente castigados.

Caminhamos muitos dias, parando apenas para dormir e comer. Quem se revoltasse ou andasse devagar era chicoteado.

E, assim, atravessamos muitos campos e florestas.

Mas eu continuava sem saber para onde estávamos indo e, pior, sem minha mãe, meu pai e meus avós...

Finalmente chegamos a uma aldeia e fomos aprisionados em grandes barracões, onde permanecemos por muitos meses.

Todo dia íamos trabalhar como escravos nas roças, sob o controle de soldados armados.

Nos intervalos do trabalho, um branco que carregava uma cruz de metal tentava nos ensinar sua língua.

Eu queria entender o que aqueles brancos diziam e, por isso, ficava ouvindo os ensinamentos do homem da cruz.

— Muito bem, Kiese, você aprende rápido!

E, assim, em um ano aprendi a falar e a escrever a Língua Portuguesa.

# Rumo a uma nova terra

    Depois de aprender o português, comecei a entender as conversas dos brancos.
    Percebi que os homens que carregavam cruzes eram chamados de padres e ensinavam uma religião chamada cristianismo.
    — Mas se Deus é justo e bondoso, por que ele não acaba com a escravidão? — perguntei.
    — Deus é justo, mas os homens não são — respondeu o padre.
    Descobri também que estávamos esperando um grande navio que atravessaria os mares e nos levaria até uma terra distante, chamada Brasil.
    O que nos traria essa nova terra?

Finalmente o grande navio chegou, mas parou distante da costa.

Enquanto os soldados organizavam os escravos, ocorreu uma revolta. No meio da luta, muitos morreram.

Depois, tivemos de subir em canoas que nos levaram até o navio.

O padre foi ao meu lado e me deu um pequeno livro branco, cheio de páginas sem nada escrito:

— É para você escrever tudo o que acontecer durante a viagem, Kiese.

— Pra que isso, padre?

— Para os homens do futuro saberem o que aconteceu de errado no nosso tempo!

# A VIAGEM

## Amontoados no porão

Saímos da África no dia 20 de agosto de 1828.

Os homens foram para um lado do navio e as mulheres e crianças para o outro.

Descemos para o porão, um local escuro e abafado, pois não havia janelas.

O lugar era tão apertado que tivemos que sentar entre as pernas uns dos outros.

E assim, amontoados e amarrados por algemas e correntes, partimos para uma viagem rumo ao distante Brasil, que nem imagináramos onde ficara.

## Doenças e mortes

Toda manhã recebíamos um pouco de farinha, carne-seca e uma caneca de água, que não era suficiente para matar nossa sede naquele porão calorento e sujo.

Muitos africanos ficaram doentes.

Alguns tiveram febre, tosse e dores fortes no intestino. Fracos e magros, morreram de disenteria.

A alimentação fraca, sem frutas ou verduras, resultou também em muitos casos de escorbuto. Essa doença, que causara fortes dores nos joelhos e feridas nas gengivas, também levou muitos dos meus companheiros de viagem.

## Calmaria e tempestade

Depois de duas semanas, entramos numa calmaria.

O padre explicou que, sem os ventos que empurravam os grandes panos chamados de velas, o navio não sairia do lugar.

Ficamos parados quatro dias, num calor insuportável!

Ao fim da calmaria, veio uma grande tempestade. No porão, sacolejávamos de um lado para o outro e nos chocávamos contra as paredes do navio. Muitos ficaram machucados.

Depois da tempestade, seguimos viagem sem maiores problemas.

# Chegada ao Brasil

Quando finalmente chegamos perto da costa do Brasil, o comandante mandou jogar âncora e o navio ficou parado, aguardando novas ordens.

Um brasileiro veio de bote e verificou se havia algum escravo ou marinheiro com varíola, uma doença temida por todos, pois era transmitida rapidamente pelo contato.

Finalmente, depois de 40 dias de viagem, desembarcamos num lugar chamado Pernambuco.

# MUDANÇAS

## Nos engenhos de Pernambuco

Do navio seguimos a pé para uma grande fazenda onde se produzia açúcar. Os brasileiros chamavam esse lugar de engenho.

Como eu era criança, comecei ajudando os adultos no plantio e colheita da cana-de-açúcar. Depois, fui cuidar da moagem da cana para fazer o caldo.

O tempo passou e, aos dezoito anos, fui transferido para a caldeira. Lá, mexia o caldo da cana, que era fervido em altas temperaturas para virar açúcar.

O calor era insuportável!

Depois do trabalho íamos para a senzala, um barracão onde dormiam homens de um lado e mulheres e crianças do outro.

De manhã, recebíamos água, farinha, sardinha ou bacalhau. Depois, partíamos para mais um dia de trabalho.

Um dia, eu e outros trabalhadores organizamos uma revolta para fugir do engenho, mas fomos capturados e devolvidos ao nosso patrão. Ele nos castigou na frente de todos para servir de exemplo. Depois, nos vendeu a comerciantes que nos levariam para outros fazendeiros.

Para onde o destino me levaria?

# No Ceará, um grande amor

Depois de uma longa viagem chegamos ao Ceará.

O sítio do meu novo patrão era pequeno, com apenas sete escravos e dez trabalhadores livres.

Nós colhíamos a cana, que era levada para moer e fazer o açúcar em uma fazenda maior.

Também fazíamos farinha de macaxeira, que era ralada e espremida. Depois esfarelávamos e peneirávamos a massa. Por fim, colocávamos no forno para torrar, obtendo a farinha.

À noite dormíamos em pequenas cabanas, pois não havia senzala.

Um dia conheci Maria, uma linda moça pela qual me apaixonei.

— Você também veio da África?

— Não. Sou descendente dos índios Cariris, os verdadeiros donos desta terra.

Maria e seus familiares trabalhavam em troca de comida e moradia, mas o patrão dizia que eles não eram escravos, pois a lei não permitia escravizar os índios.

Eu e Maria começamos a namorar e, depois de uns meses, pedimos autorização para formar uma família e construir nossa própria cabana.

Nós nos amávamos muito e desse amor nasceu nosso filho, Antônio.

Será que finalmente eu encontraria um pouco de paz?

# A dor da separação

Nos anos seguintes percebi que o sítio do meu patrão não era mais o mesmo: a produção de cana caíra pela metade. E a farinha de macaxeira também não estava mais sendo produzida.

O patrão gritava o tempo todo com o feitor, um funcionário que controlava nosso trabalho.

Aí, o feitor descontava em nós. Por qualquer motivo, castigava a gente com chicotadas.

Ninguém aguentava mais aquela situação. Por isso, decidimos fazer uma revolta.

No dia combinado, prenderíamos o feitor e fugiríamos.

Infelizmente o patrão descobriu nosso plano e prendeu os líderes da revolta. Eu estava entre eles.

Depois disso, o patrão decidiu nos vender a um comerciante que nos levaria para uma terra muito distante, chamada São Paulo.

— Leve também minha mulher e meu filho!

— Ela não pode ser vendida, pois é índia. Além disso, a viagem é longa e criança nova não ia aguentar...

Chorei, chorei muito a dor de deixar minha amada Maria e meu filho Antônio.

E segui novamente rumo ao desconhecido.

# Campinas: trabalho e lembranças

Embarcamos em um pequeno veleiro em 8 de outubro de 1851.

A viagem foi tranquila e em alguns dias chegamos ao porto. Depois seguimos a pé para uma fazenda em Campinas, no interior de São Paulo.

Lá, cuidávamos das mudas de café, adubando o solo e retirando, com a enxada, as ervas daninhas.

No tempo da colheita, puxávamos os frutos com as mãos e, com uma peneira, separávamos as folhas e galhos.

Trabalhávamos sob o sol e a chuva, sempre controlados pelos feitores.

Depois da colheita, lavávamos os grãos de café e espalhávamos no terreiro para secar. Por fim, socávamos no pilão para tirar as cascas e colocávamos em grandes sacos que seguiam no lombo dos burros para o porto de Santos.

Toda noite, depois do trabalho, íamos para a senzala, onde homens e mulheres conversavam para passar o tempo.

Mas eu não queria conversa. Ficava quietinho num canto, lembrando do que deixara no Cariri. O que seria da minha Maria? E o meu filho Antônio, como estaria?

# Batuque e um novo amor

Os anos passaram sem que eu percebesse e chegamos em 1861!

Nesses dez anos, fiz uns poucos amigos, que não se conformavam de me ver sempre sozinho, chorando no canto da senzala.

Eles viviam me convidando para participar do batuque. Um dia eu fui.

Ao som dos bumbos, os dançarinos se movimentavam e cantavam:

*Era vovó que cantava,*
*Desse jeito zombeteiro.*
*Pra não sofrer do senhor,*
*Castigo de cativeiro.*

E todo mundo entrava na roda, dançava e cantava por várias horas.

Uma das mulheres, chamada Josefa, me tirou para dançar, e naquela noite voltei a conhecer o amor!

Desse amor nasceu meu segundo filho, o José.

Apesar da dura labuta no café, sempre dávamos um jeitinho de ficar juntos na hora do almoço e à noite.

O próprio patrão incentivava a formação de famílias, pois era uma forma de diminuir a insatisfação e as revoltas.

Nunca me esqueci da Maria e do meu primeiro filho, o Antônio. Mas, como não era livre para procurá-los, segui em frente, tentando ser feliz...

# A chegada dos imigrantes

Depois de alguns anos, notei que a quantidade de trabalhadores da fazenda foi diminuindo, o que aumentava o nosso trabalho. Um dia, questionei o feitor:

— Por que não chegam novos africanos para substituir os que morreram de velhice?

— Porque desde 1850 o governo proibiu a entrada de novos africanos no Brasil. Nos últimos anos, o patrão comprou escravos de outras regiões do Brasil, mas agora eles estão muito caros.

— E como o fazendeiro vai resolver isso?

— Dizem que ele vai trazer uns trabalhadores de muito longe, uns tais de imigrantes...

Quando eles chegaram, vimos que falavam uma língua diferente, chamada italiano. Eles não ficaram na senzala junto com a gente, mas foram alojados num barracão reformado, que foi dividido em várias casinhas.

Os imigrantes faziam o mesmo trabalho, mas não eram escravos. Eles recebiam uma parte do café como pagamento e tinham direito de ter suas próprias roças para produzir alimentos.

Se nós fazíamos os mesmos trabalhos, por que não tínhamos os mesmos direitos dos migrantes?

# O fim da escravidão

E o tempo ia passando rápido... Às vezes ficávamos sabendo que os escravos de alguma fazenda vizinha tinham se revoltado: fugiam ou exigiam os mesmos direitos dos imigrantes.

Na nossa fazenda também ocorriam reclamações e a situação estava ficando insustentável, com muitas revoltas e fugas.

Meu filho José se apaixonara por uma imigrante chamada Luzia. Mas eles não podiam se casar, porque o pai dela não deixava e também porque ele vivia na senzala, e ela, na colônia de imigrantes.

Por quanto tempo os fazendeiros ainda conseguiriam manter essa situação?

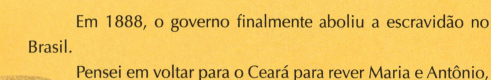

Em 1888, o governo finalmente aboliu a escravidão no Brasil.

Pensei em voltar para o Ceará para rever Maria e Antônio, mas achei que seria complicado para minha mulher, a Josefa, conviver com a família que deixei por lá. Por isso, desisti dessa ideia. Meu filho José decidiu ficar na fazenda, trabalhando na colheita do café ao lado da sua amada Luzia.

Eu e Josefa não ficamos, pois o café para nós era lembrança de escravidão. Então, seguimos com um grupo para o Rio de Janeiro, a capital do Brasil.

Será que agora finalmente seríamos livres e felizes?

# SAUDADES

Rio de Janeiro, 20 de agosto de 1888.

Querido José,

Depois de uma longa viagem, eu e sua mãe chegamos finalmente à capital do Brasil.
A cidade é enorme, cheia de gente andando pra todo lado!
Conseguimos um cantinho pra morar em um cortiço no centro da cidade, onde vivem muitos negros e também trabalhadores brancos.
Nosso quarto é bem pequeno, mas deu para colocar uma cama e um baú para nossas roupas.
Uma senhora do cortiço nos chamou para ajudar a vender os cestos de palha que ela fabrica. De cada cesto que vendemos, recebemos uma pequena parte do dinheiro.
E aí na fazenda, como vão as coisas? Você e a Luzia conseguiram um canto para morar?

Grande abraço,
seu pai

Campinas, 15 de novembro de 1888.

Meu querido pai,

Fico feliz que você e a mamãe estejam bem!
Por aqui as coisas foram bem difíceis. Logo depois da abolição, fizemos uma reunião com o patrão. Ele queria manter tudo como estava: negros na senzala e imigrantes na colônia...
Não aceitamos. Exigimos que a senzala fosse transformada em colônia e cada um pudesse ter sua casinha.
Também pedimos a demissão do feitor, que achava que ainda éramos escravos e continuava gritando com todos.
Eu e Luzia estamos ajeitando um cantinho para nós na nova colônia.
Dê um beijo enorme na mamãe.

Grande abraço,
José

41

Rio de Janeiro, 17 de janeiro de 1889.

José,

A vida aqui na capital é sempre difícil.
Apesar da abolição, os negros continuam sendo mal vistos pelas autoridades. Vira e mexe um vendedor de rua é preso e maltratado sem motivo.
Um amigo do cortiço, que trabalha no porto embarcando sacas de café, diz que lá também os soldados não dão sossego para os negros.
Quando não estamos trabalhando, nos reunimos para ouvir os batuques no cortiço, que nos lembram das reuniões da fazenda, onde eu e sua mãe nos conhecemos.
Dê um abraço na Luzia e nos amigos da fazenda.

Abraços,
seu pai

Campinas, 26 de abril de 1889.

Aqui na fazenda também está bem difícil.

O patrão tenta enrolar a gente na hora do pagamento. Ele diz que nossa parte na colheita do café não paga o que consumimos no armazém da fazenda e que ainda ficamos devendo para a próxima colheita...

Quando não estou trabalhando vou até a Irmandade de São Benedito, uma associação que ajuda os negros a se organizarem.

Eu sou um dos poucos que sabe ler e escrever, pois aprendi com o senhor. Por isso, estou pensando em ensinar a criançada da Irmandade.

A Luzia manda um beijo pra mamãe.

Grande abraço,
José

# SONHOS

## Somos todos cidadãos?

Em 1889 o Brasil virou uma República. O rei foi tirado do poder e no lugar entrou um presidente, que dizia que agora todos eram cidadãos e tinham direitos!

Para nós, negros e brancos pobres que vivíamos no cortiço, a vida continuou igual: trabalho duro e nenhum direito.

Em 1890, o governo baixou uma lei que proibia a capoeira, a luta que reunia muitos negros, que se dividiam em grupos por toda a cidade. Eles diziam que os capoeiras estavam envolvidos em crimes, mas no fundo tinham medo das revoltas que eles faziam contra os abusos da polícia e por direitos para os pobres.

Por causa dessa lei, qualquer reunião de negros era desmanchada pela polícia. Até nossos batuques começaram a ser perseguidos.

    Todo ano, no dia da abolição da escravidão, o 13 de maio, os negros se reuniam para ouvir discursos numa praça da cidade.

    Os oradores falavam que tínhamos de continuar lutando, pois, apesar da abolição, ainda não éramos considerados cidadãos.

    Alguns achavam que tínhamos de nos unir — apenas os negros — para exigir nossos direitos. Outros diziam que tínhamos de nos juntar com os brancos pobres e pressionar o governo para dar escolas para nossas crianças e moradias melhores.

    Eu achava que todos tinham razão, pois algumas lutas eram só dos negros, como o combate ao preconceito racial, e outras eram de todos os pobres, como a falta de escolas e moradias...

## Será possível?

Lembro que em 31 de dezembro de 1900 houve uma grande festa na cidade. C governo declarou feriado e muita gente não trabalhou.

De dia, bandas de música tocaram na Praça da República e no Passeio Público.

À noite, muitas igrejas foram iluminadas e no céu da cidade viam-se fogos de artifício Grupos de seresteiros cantavam nas ruas.

Quando o sino da igreja soou meia-noite, as campainhas dos bondes puxados po burros tocaram juntas e os navios de guerra dispararam tiros no mar.

Tudo isso para comemorar a chegada de 1901, que marcava o início de um nov século — o século XX.

No meio de toda aquela comemoração, fiquei pensando se o novo século representaria o fim do sofrimento dos africanos e de seus descendentes.

Lembrei-me da minha aldeia na África, da viagem para o Brasil, do trabalho nos engenhos e na plantação de café, das revoltas e lutas, dos sofrimentos e alegrias.

Pensei na índia Maria — meu primeiro amor — e no meu filho Antônio, que deixei no Ceará. Lembrei também de José, que se casou com a imigrante Luzia...

E imaginei como meus tataranetos comemorariam, no ano 2000, a passagem para o século XXI. Será que no futuro negros, índios e brancos seriam cidadãos respeitados igualmente? Será que esse meu sonho finalmente viraria realidade?

### 1820
Nascimento

### 1828
Vinda para o Brasil

### 1835
Vida em Pernambuco

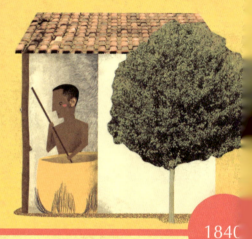

1820 — 1830 — 1840

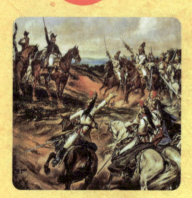
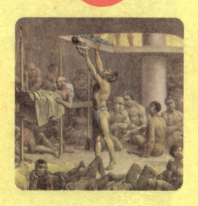
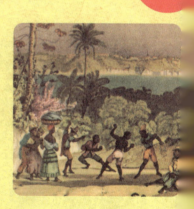

### 1822
Independência do Brasil

### 1831
Lei que proibiu a entrada de escravos no Brasil, mas que não foi cumprida.

### 1835
Grande revolta dos escravos Malês, na Bahia

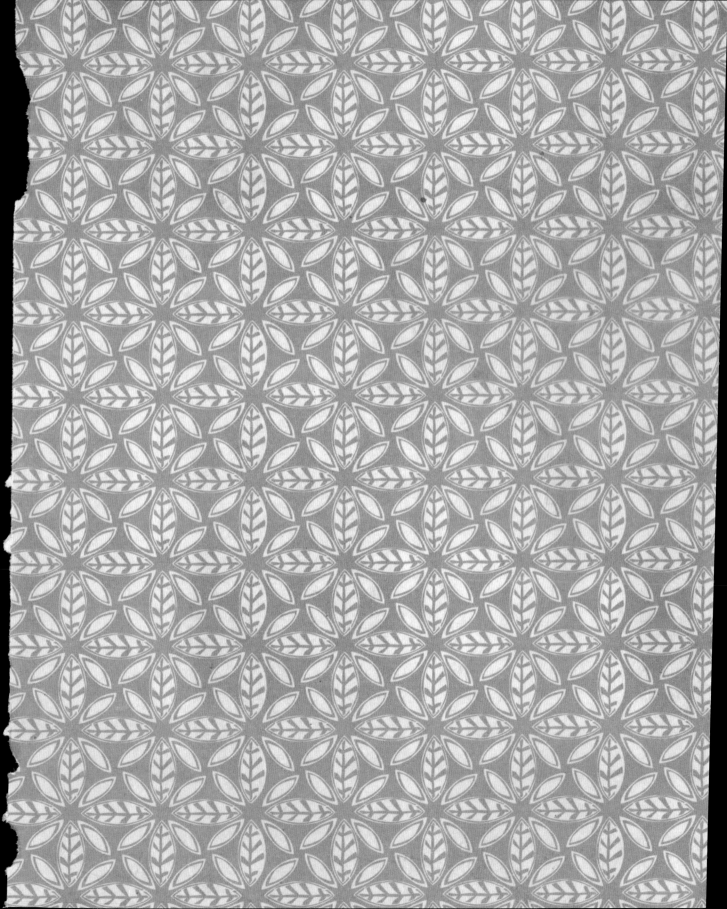

# A vida de Kiese

**1845**
No Ceará

**1857**
Vida em Campinas

1850

1860

**1850**
Proibição definitiva da entrada de escravos no Brasil

**1865**
Lei que libertava os escravos com mais de 65 anos

# A História do Brasil

### 1888
A libertação

### 1890
Vida no Rio de Janeiro

1870 — 1880 — 1890

**1871**
Lei que libertava os filhos de escravos nascidos a partir dessa data

**1888**
Abolição da escravidão

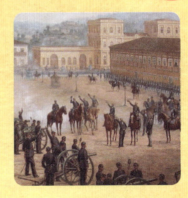

**1889**
Proclamação da República

Conheça a história dos descendentes de Kiese lendo os livros da coleção *Antepassados*.